L'HOMME FOSSILE

HISTORIQUE GÉNÉRAL DE LA Q...

ET DISCUSSION

DE LA DÉCOUVERTE D'ABBEVILLE

PAR

F. GARRIGOU, de Tarascon (Ariége)

DOCTEUR EN MÉDECINE DE LA FACULTÉ DE PARIS, MEMBRE DES SOCIÉTÉS GÉOLOGIQUE DE FRANCE, D'ANTROPOLOGIE DE PARIS, CORRESPONDANT DE L'INSTITUT DE GENÉVE, DE LA SOCIÉTÉ D'ÉMULATION D'ABBEVILLE.

> Je pense donc..... que la surface de notre globe a été victime d'une grande et subite révolution..... que cette révolution a enfoncé et fait disparaître les pays qu'habitaient auparavant les hommes..... et que c'est depuis seulement, que nos sociétés ont repris une marche progressive.
>
> (CUVIER, *Discours sur les Révolutions du globe.*)

<table>
<tr><td>PARIS</td><td>TOULOUSE</td></tr>
<tr><td>E. DENTU, LIBRAIRE-ÉDITEUR,</td><td>DELBOY, LIBRAIRE,</td></tr>
<tr><td>Palais-Royal.</td><td>Rue de la Pomme.</td></tr>
</table>

1863.

L'HOMME FOSSILE

HISTORIQUE GÉNÉRAL DE LA QUESTION

ET DISCUSSION

DE LA DÉCOUVERTE D'ABBEVILLE

L'HOMME FOSSILE

I.

Au moment où le monde savant vient d'être ému dans son sanctuaire le plus respectable, à l'Académie des Sciences, par un sujet qui n'a pas souvent l'honneur d'y être abordé, celui de l'antiquité de l'homme sur la terre, mais qui, cette fois, semble avoir réveillé les partis et attiré l'attention générale, j'ai cru qu'il serait tout aussi agréable qu'utile pour le public d'avoir sous les yeux un historique exact de la question.

Ce mémoire est surtout destiné à éclairer les personnes peu familiarisées avec la géologie, et surtout avec le problème si complexe de la contemporanéité de l'homme et des espèces perdues. Les savants pourront toutefois y trouver quelque intérêt, grâce aux détails nouveaux que je fais connaître.

II.

Parmi les questions scientifiques étudiées à notre époque, il en est un grand nombre remplies d'un intérêt réel, et l'on peut, sans exagération, mettre à leur tête celle de l'antiquité de l'homme sur la terre.

Malgré les résultats nouveaux, inattendus et irrécusables auxquels ont conduit les recherches, l'on peut dire universelles, faites dans ces dernières années sur le sujet que nous allons aborder, par des hommes dont le mérite scientifique est bien connu, quelques rares savants n'ont pas voulu encore accepter la vérité qui tend à se confirmer tous les jours, celle de la coexistence de certaines espèces perdues et de l'homme.

Aussi les écoles géologiques sont elles, à ce sujet, divisées en deux camps, celui qui admet cette contemporanéité et celui qui la repousse complétement.

Dans la première catégorie sont les géologues naturalistes, ceux qui savent tirer parti de tout ce qu'ils trouvent dans les recherches qu'ils font eux-mêmes, qui n'ont pas craint de parcourir l'univers entier pour arriver à la connaissance d'un fait important, qui fouillent de leurs propres mains les entrailles de la terre pour y chercher la vérité, et qui ont le courage de se défaire de leurs fausses théories en présence de la réalité. Ceux-là ont pu arriver sûrement aux généralisations les plus grandioses et ont rendu triomphante la géologie, d'opprimée qu'elle était sous le règne des hypothèses les plus hasardées.

Le second camp, bien pauvre, quant au nombre, surtout si on le compare à celui des prosélytes des théories de M. Boucher de Perthes, se compose de géologues se retranchant pour ne pas admettre un fait en dehors de leurs études spéciales et qui les contrarie, on ne sait trop pourquoi, derrière des raisons chimériques. Ils opposent à l'adoption universelle de résultats scientifiques, que leur nombre et l'opinion de savants du plus haut mérite rendent incontestables, l'autorité d'un chef que la position élevée que lui méritèrent les travaux par lesquels il illustra son pays, rend bien puissante.

Chacun conviendra que la vraie géologie est celle dont les principes sont basés sur les études entreprises dans les lieux mêmes où la nature se plut à mettre à découvert les entrailles de la terre pour les livrer à l'examen des savants.

Pourquoi rejeter si exclusivement des faits vus par tant d'observateurs compétents et surtout si expérimentés sur la question de l'antiquité de l'homme? pourquoi s'opposer d'une manière aussi formelle à la solution du problème qui nous occupe? N'eût-il pas été plus glorieux de chercher soi-même, et puis, en venant s'asseoir aux bancs des représentants de la science, de dire comme César, avec une autorité reconnue par tous : *veni, vidi, vici*, je suis allé, j'ai cherché, j'ai conclu.

Puisse, dans un jour prochain, survenir un changement qui sera le triomphe de la verité et l'honneur de celui qui l'aura fait connaître.

Car il le faut, en matière scientifique comme en justice, avant tout la vérité, rien que la vérité!

III.

Pour étudier avec fruit la question de l'antiquité de la race humaine, quelle méthode faut-il suivre, où faut-il chercher les matériaux nécessaires à la solution du problème? Sera-ce la géologie qui nous guidera, ou bien la paléontologie proprement dite? L'étude des races, les traditions et l'histoire pourront-elles nous servir à guider nos pas dans ce labyrinthe à une seule issue?

Disons-le immédiatement, les traditions et l'histoire, quoiqu'on en ait voulu soutenir, soit seules, soit combinées à d'autres sciences, ne pourront pas faire avancer d'un seul pas notre étude. Qu'est-ce, en effet, que l'espace de temps qui nous rattache aux Celtes et aux Ibères, ces peuples encore si incomplétement définis, comparé à celui qui nous sépare de l'époque où vivaient les peuplades découvertes en Suisse, en Danemark, en Irlande, en Italie, sur les bords du Nil et dans les rivages du Mississipi? Entre les temps historiques et les époques géologiques proprement dites s'est écoulée une assez longue série de siècles pour permettre à la civilisation de faire un triple progrès, en passant périodiquement par l'âge de la pierre, l'âge du bronze et l'âge du fer (1).

Pas plus que l'histoire, l'étude des races ne peut être d'une utilité majeure pour la solution du problème. L'examen des crânes, le seul qui pourrait nous fournir une idée des peuples des temps géologiques, n'est pas encore assez complet et surtout n'a pas pu être assez souvent pris sur des types se rapportant à l'homme que nous pensons avoir été contemporain des espèces animales éteintes.

La seule circonstance peut-être dans laquelle on aurait pu avoir des données exactes sur les hommes primitifs, celle de la découverte faite à Aurignac (Haute-Garonne), n'a malheureusement servi qu'à nous montrer la trop grande indifférence des gens instruits de nos campagnes pour des questions du plus haut intérêt. Et si, dans cette occasion, nous avons pu conserver quelques précieux débris de ce lieu de sépulture et de festin de nos ancêtres primitifs, c'est grâce au savant paléontologue auquel le midi de la France doit se glorifier d'avoir donné le jour, à M. Lartet, qui a su faire parler, dans la caverne d'Aurignac dévastée, les témoins jusqu'ici les plus authentiques de la contemporanéité de l'ours, du lion, de l'hyène des cavernes, du rhinocéros, de l'éléphant et de l'homme.

Puisque nous éliminons comme éléments inutile ou comme pas encore assez complets pour la solution de la

(1) Pour mettre mes lecteurs, gens du monde, au courant des découvertes que je viens de signaler, je consacrerai plus loin quelques lignes à ce sujet.

question les traditions, l'histoire et l'étude des races humaines, il ne nous reste plus que l'examen géologique et paléontologique des points sur lesquels les matériaux sont, depuis quelques années surtout, devenus si nombreux.

IV.

Tout d'abord, exposons, pour les personnes peu accoutumées aux expressions géologiques, d'une façon abrégée mais néanmoins aussi exacte que possible, ce que l'on entend par la succession des terrains pour arriver à la connaissance des couches qui contiennent les débris si précieux d'Abbeville et d'Amiens.

Il est aujourd'hui généralement admis en géologie que, depuis l'époque où le globe terrestre, supposé en ignition dans les espaces, commença à se refroidir à la surface et permit ainsi aux mers de se former par la condension des vapeurs d'eau qui l'entouraient, des séries de couches horizontales déposées et formées au sein des eaux par des roches, composées elles-mêmes de minéraux, se sont superposées dans un certain ordre. Ces dépôts ont été interrompus par de grands phénomènes locaux produits soit par des fissures de la croûte terrestre déjà formée, à travers lesquelles s'élevaient des masses en ignition venant des profondeurs de la terre et qui forment encore aujourd'hui la partie centrale des chaînes des montagnes, soit par tout autre cause. Ces fissures et cette arrivée de matières en feu sous-jacentes à la croûte terrestre, survenues à des intervalles indéterminés, ont, dans certains cas, produit à la surface du globe des changements dans la série des êtres animés (animaux et végétaux) qui vivaient dans l'intervalle de ces grands phénomènes. L'étude des débris de ces êtres variant d'une suite de couches à l'autre, jointe à celle de la succession des couches, soit horizontales, soit redressées vers les bords des fissures par le passage des roches en ignition et de l'état physique de quelques-uns de ces dépôts stratifiés, a permis d'établir la division des terrains comme il suit, en partant de la base de l'écorce terrestre : les terrains primitifs, de transition, secondaire, tertiaire, quaternaire. Ces étages ont subi des subdivisions qu'il est inutile de donner ici.

L'étage quaternaire étant le seul qui nous intéresse, puisque c'est dans les couches qui le composent qu'ont été retrouvés les faits qui vont bientôt nous occuper, je crois nécessaire de mettre sous les yeux du lecteur une division qui, bien qu'incomplète, est cependant exacte et lui facilitera l'intelligence de ce qu'il lira plus loin. Je diviserai donc le terrain quaternaire en ancien et moderne, et je ferai trois catégories dans le terrain quaternaire ancien : 1° (en commençant par l'étage qui vient immédiatement au-dessus du terrain tertiaire) époque glaciaire ancienne sans fossiles spéciaux ; 2° Epoque des grands mammifères, du remplissage des cavernes et de l'homme sans doute ; 3° Epoque glaciaire moderne, sans fossiles spéciaux ; et comme ayant suivi immédiatement cette époque, le terrain quaternaire récent, comprenant les alluvions actuelles de nos cours d'eaux.

Nous pouvons résumer cette sorte de classification dans le tableau suivant, en commençant par les terrains récents et finissant par les primitifs.

	Récent.	Alluvions actuelles des cours d'eau et dépôts des mers.
1. Quaternaire.	Ancien.	Epoque glaciaire moderne.
		Epoque des grands mammifères, du remplissage des cavernes et sans doute de l'homme.
		Epoque glaciaire ancienne sans fossiles.
2. Tertiaire.		
3. Secondaire.		
4. De transition.		
5. Primitif.		

D'après le tableau précédent, il résulte donc que c'est après l'époque glaciaire ancienne du terrain quaternaire, époque scientifiquement connue par les roches striées et polies, et par les grands blocs erratiques du Nord et du Nord-Ouest de l'Europe et de l'Amérique, qu'auraient vécu les premiers hommes en même temps que les grands ours, les grands chats (lions ou tigres), l'hyène des cavernes, les mahmmouth, l'urus et l'aurochs, etc., en Europe; les megalonix, les megatheriums, les mylodons, etc., en Amérique.

C'est ce que nous allons tâcher de prouver par les faits dont nous avons entrepris le résumé. Mais quelles preuves est-il nécessaire de fournir pour arriver à la démonstration de la contemporanéité de l'homme et de ces espèces aujourd'hui complétement disparues de la surface du globe, depuis l'époque glaciaire ancienne, jusqu'à l'époque glaciaire moderne, ou pour quelques-unes ne vivant plus que dans les pays séparés par des milliers de lieues ou par des bras de mers de ceux dans lesquels nous aurons occasion de mentionner leurs débris? Il faudra montrer des ossements humains mélangés à ceux de ces animaux dans les couches non remaniées où ceux-ci ont été déposés, ou bien, à défaut de ces ossements, les débris irrécusables d'une industrie humaine bien authentique. Si nous parvenons à fournir les deux preuves réunies ou l'une d'elles seulement, j'espère qu'on regardera le problème comme résolu.

V.

Ce fut en 1774 que J.-F. Esper (1) paléontologue à juste titre célèbre, fut le premier à signaler dans la caverne d

(1) *Description des zoolithes*, page 13.
(1) **M.** Prestwich a donné en 1860 (*Philosophical transaction*, partie IIe) une coupe exacte du gisement de ces couches non remaniées.

Gaylenreuth en Franconie la présence d'ossements humains dans une partie réculée de la caverne, immédiatement en contact, avec des ossements d'ours et d'autres mammifères.

M. John Frere, archéologue distingué, découvrit en 1797, à Hoxne en Suffolk (Angleterre), à une profondeur de 11 pieds (3 m. 35 c.), sous des couches non remaniées et avec des ossements fossiles d'animaux d'espèces perdues, des armes en silex : haches, lances, couteaux, têtes de flèches. M. John Frere s'attacha à prouver dans l'*Archeologia* qu'elles étaient déjà déposées sur le sol lorsque les couches qui les surmontent vinrent les recouvrir, qu'elles étaient donc antérieures à ces couches.

En 1825 parurent les *Ossements fossiles*, de Cuvier et le *Discours sur la révolution du globe*. En lisant attentivement cette œuvre immortelle, invoquée bien souvent pour nier la contemporanéité de l'homme et des espèces perdues, il est facile de s'assurer que si l'auteur a de la peine à admettre cette contemporanéité, il ne la rejette pas cependant tout à fait, et il dit même dans son discours que, pour lui, si l'homme a existé avant la formation des dépôts diluviens contenant les débris d'animaux aujourd'hui éteints, il suppose que l'Asie était le lieu où vivait alors le roi de la Création. Il discute le pour et le contre de la question ; mais à son époque on n'avait pas pour juger, les matériaux que l'on possède aujourd'hui ; cependant son examen approfondi lui fait dire (1) : « Mais je ne veux pas conclure que l'homme n'existait point du tout avant cette époque (celle des révolutions qui ont enseveli les grands mammifères). Il pouvait habiter quelques contrées peu étendues, d'où il a repeuplé la terre après ces événements terribles ; peut-être aussi les lieux où il se tenait

____

(1) Cuvier, *Discours sur les révolutions du globe*, page 68, troisième édition.

ont-ils été abîmés et ses os ensevelis au fond des mers actuelles, à l'exception du petit nombre d'individus qui ont continué son espèce. » Plus loin (1), après une longue et savante discussion sur l'antiquité des peuples, il conclut en disant : « Je pense donc...... que la surface de notre globe a été victime d'une grande et subite révolution ; que cette révolution a enfoncé et fait disparaître les pays qu'habitaient auparavant les hommes, et que c'est depuis seulement que nos sociétés ont repris une marche progressive. »

Ces quelques passages du grand paléontologue, passages que je pourrais multiplier, sont une preuve certaine que Cuvier croyait réellement à l'existence de l'homme avant les derniers cataclysmes qui ont bouleversé la surface du globe.

En 1823, le célèbre Buckland publie les *Reliquiæ diluvianæ*, dans lesquels il accumule les faits en faveur de l'authenticité de la coexistence de l'homme avec les espèces éteintes. Son ouvrage est l'un des plus complets et des mieux détaillés.

M. de Tournal, en 1826, publia ses recherches sur les dépôts fossilifères de la caverne à ossements de Bise (Aude), dans laquelle il trouvait des ossements incontestablement travaillés de main d'homme et appartenant à l'aurochs et au renne, animaux qui, depuis bien des siècles, n'habitent plus l'Europe centrale. Avec ces ossements travaillés existent des coquilles marines ou terrestres, toutes comestibles, probablement transportées là par l'homme pour en faire sa nourriture.

En 1829, les cavernes de Pondres et de Souvignargues, (Gard) sont étudiées par M. de Christol.

Dans celle de Pondres, les dépôts diluviens fossilifères touchent la voûte ; les ossements humains sont dispersés

---

(1) Cuvier, ouvrage cité, page 138.

dans toutes les parties superficielles, médianes ou inférieures, et se présentent dans les mêmes circonstances que les ossements d'ours, d'hyène des cavernes, de rhinocéros, de cheval, de bœuf, etc., auxquels ils sont mélangés.

A Souvignargues, les ossements humains sont intimement mélangés à ceux des animaux des cavernes et à des débris de poterie grossière dans une couche intacte de limon rouge argileux, surmontée de plusieurs lits de graviers qui alternent à diverses reprises avec du limon. L'auteur s'était assuré que ces lits variés de dépôts n'avaient jamais été remaniés.

Ce seul fait ne suffirait-il pas pour attester irrévocablement l'antiquité si élevée de l'homme?

La même année 1829, M. Marcel de Serres publie l'*Essai sur les cavernes*, dans lequel il accumule les faits prouvant la contemporanéité de l'homme et des espèces perdues, mais la création d'un mot nouveau : *ossements humatiles*, bien inutile pour exprimer les idées de l'auteur, rend ses conlusions confuses.

L'année 1838 est signalée par l'excellent ouvrage de Schmerling.

Dans la caverne d'Engis, il trouve entre autres choses deux crânes humains, l'un gisant avec des dents de rhinocéros, d'hyène, d'ours des cavernes, dans une couche de limon recouverte par une brèche osseuse d'un mètre et demi d'épaisseur, formée par des ossements de petits animaux et renfermant des dents de rhinocéros; l'autre à côté d'une dent d'éléphant. Ces deux couches étaient vierges de remaniement.

A Enghihoul comme à Engis, les ossements humains sont fragmentés, roulés et dispersés comme ceux des animaux d'espèces éteintes. Chose très importante, tous ces ossements présentent le même degré de décomposition.

Dans ces deux cavernes, comme dans beaucoup d'autres,

les os d'animaux étaient travaillés, et avec eux existaient de nombreux silex taillés ayant servi de flèches et de couteaux.

En 1835, M. le professeur Joly, de Toulouse, découvre dans la caverne de Nabriguas (Lozère) un crâne d'ursus spelœus portant sur le frontal à gauche une blessure paraissant faite par une arme pointue ; tout à côté de ce précieux débris gisait dans le limon un fragment de poterie cuite au feu et portant l'empreinte bien évidente des doigts qui l'avaient façonnée, circonstances qui indiquent la première enfance de l'art.

M. Godwin-Austen déclare, en 1842, à la Société géologique de Londres, qu'il a trouvé dans la caverne de Kent une série d'objets travaillés de main d'homme, mélangés à des débris d'animaux d'espèces perdues et dont la présence ne peut s'expliquer par l'hypothèse des sépultures invoquée par Buckland.

Les observations de Lund sur les cavernes du Brésil paraissent en 1844. Ce savant, qui a examiné plus de huit cents cavernes, a trouvé dans l'une d'elles située auprès du lac Lagoa do Sumidouro des ossements humains fossiles ayant appartenu au moins à trente individus de différents âges et « dans le même état de décomposition et dans les mêmes circonstances que les ossements d'animaux de différentes espèces éteintes, » tels qu'un singe (callithrix primœvus) et des carnassiers des genres canis et félis, des rongeurs, des pachydermes, des ruminants et surtout des tardigrades. De plus, il est resté démontré pour Lund que ces hommes, qui habitaient l'Amérique méridionale en même temps que les Megatheriums, les Mylodon, les Megalonix, etc., c'est-à-dire au moment où commença l'époque diluvienne, appartenaient à la même race que ceux qui habitaient cette contrée lors de sa découverte par les Espagnols.

Le *Dictionnaire universel d'histoire naturelle* publié en

1845 l'article « Grottes ou Cavernes. » Il ne serait pas pardonnable de passer sur cette savante publication sans faire remarquer l'érudition et la conscience que l'auteur, M. Desnoyers, membre de l'Institut et bibliothécaire du Museum, a porté à sa rédaction. Après avoir pesé les faits qu'il a accumulés en nombre, l'auteur ne peut conclure encore à la contemporanéité de l'homme et des espèces perdues, et ses conclusions sont tellement savantes et judicieuses qu'elles tiennent pendant plusieurs années la solution du problème en suspens. Aujourd'hui, empressons-nous de le dire, M. Desnoyers, comme tous les vrais savants, ami avant tout de la vérité, paraît avoir modifié son opinion d'après les faits nouveaux et irrécusables qu'il a pu observer lui-même, et son impartialité le rend un des juges les plus compétents dans la question.

M. Boucher de Perthes publie en 1846 la découverte qu'il a faite dans les assises inférieures des dépôts diluviens d'Abbeville et d'Amiens de silex taillés de main d'homme, et que leur position fait remonter aux premiers âges de la période diluvienne. Dès le principe de ses découvertes (1839), MM. Brongniart, Flourens, Elie de Beaumont l'encouragèrent de quelques mots; mais bientôt, du milieu même de ces hommes remarquables, gronda un tonnerre scientifique prêt à foudroyer l'homme antédiluvien que M. Boucher de Perthes allait faire renaître.

M. Boucher de Perthes ne se découragea pas cependant, et ses nouvelles recherches attirèrent chez lui les premiers savants de l'Europe, qui tous purent bien voir qu'avec les silex taillés gisaient les ossements d'Elephas primigenius, de rhinocéros thicorrhinus, de bos primigenius, etc., dans des couches vierges de remaniement.

Aujourd'hui que j'ai pu visiter moi-même les couches de Moulin-Quignon, de Manchecourt, de Mautort, etc., apprécier la bonne foi et le désintéressement du savant archéologue Abbevillois et causer plusieurs fois avec lui, qu'il me soit permis de crier hautement, « Honneur à lui ! gloire à sa découverte ! »

Cette même année, les Anglais trouvent dans les dépôts quaternaires de la vallée de la Tamise un singe du genre macaque.

En 1847, Henric, et puis la Société d'histoire naturelle de Torquay, trouve dans le Kent Hole des restes de l'époque moderne, avec des débris humains mêlés à des ossements d'animaux séparés de ceux de l'époque antédiluvienne par une couche de stalagmite. Sous cette couche gisent, avec les restes d'animaux éteints, les débris de l'homme et de son industrie.

M. le docteur Noulet de Venerque (Haute-Garonne`, découvrit en 1853 dans des couches diluviennes non remaniées du vallon de l'Infernet (Haute-Garonne), des cailloux de quartzite qui avaient subi une première ébauche de taille et avec lesquels gisaient les débris du mahmmouth, du lion des cavernes, d'un rhinocéros, d'un bœuf, d'un cheval, etc.; une grande quantité des os de ces animaux sont cassés, soit pour en faire des armes, soit pour en retirer la moelle.

M. le docteur Rigollot qui, pendant dix ans, avait été l'un des plus grands adversaires du célèbre archéologue Abbevillois, se rangea sous sa bannière en 1854, par la publication de son remarquable mémoire sur les instruments en silex trouvés à Saint-Acheul.

MM. Prestwich, le docteur Falconer, Pengelly, etc., examinent en 1858, avec toutes les précautions nécessaires, la caverne de Bixham (Devonshire) et y découvrent dans les couches les plus inférieures, qu'ils déclarent être non remaniées, des produits de l'industrie primitive de l'homme (couteaux de silex), avec des ossements d'animaux d'es- pèces perdues. Le soin que ces savants ont mis à l'examen de cette caverne est une garantie de vérité pour les faits qu'ils avancent.

L'année 1859 est une année bien riche en faits prouvant

d'une manière incontestable l'authenticité de la découverte
de M. Boucher de Perthes.

Les savants anglais ne cessent cette fois, par des visites
réitérées aux gisements de Moulin-Quignon et de Saint-
Acheul, de faire luire dans tout son éclat le flambeau jeté
dans l'arène scientifique par le savant archéologue d'Abbeville.

Le docteur H. Falconer, vice-président de la Société
géologique de Londres, ce paléontologiste si expérimenté
et si savant, fut le premier qui se rendit dans le département de la Somme pour y étudier les gisements diluviens
et les richesses géologiques qu'ils renferment. Après lui,
M. Prestwich, dont la conscience et la bonne foi égalent
le savoir en matière géologique, vint trois fois dans la
même année étudier les alluvions de la Somme, tantôt
seul, tantôt accompagné de son digne élève, M. Evans.
Dès leur première visite, ils rentrent en Angleterre convaincus, comme M. Falconer, de l'ancienneté des dépôts
et de la contemporanéité de l'homme et des espèces perdues, et ils publient sur leurs observations un remarquable mémoire qui trouva de nombreux échos.

Dans une autre exploration avec MM. B. Godwin-Austen,
J.-W. Flower et R.-W. Mylne, ils retirent eux-mêmes de
ces bancs diluviens des silex taillés et des ossements d'a-
nimaux d'espèces éteintes, jusqu'à une profondeur de vingt
pieds dans la carrière de Saint-Acheul.

Sir Charles Lyell vint aussi à Abbeville pour élucider la
question de l'homme fossile. Après avoir observé les
principaux gisements avec détail, il constata l'état vierge
des couches diluviennes en y trouvant des silex taillés et
des ossements de l'Elephas primigenius. Dans un meeting
de naturalistes anglais, à Aberdeen, le 15 septembre de la
même année, il se proclamait partisan de l'idée qui fait
remonter l'existence de l'homme au commencement de la
période quaternaire. Voilà, certes, une autorité scientifique

dont on ne peut guère nier la valeur, lorsqu'on sait que de nombreux voyages dans plusieurs parties du monde lui ont acquis l'expérience qui donne aujourd'hui une si haute portée à ses opinions.

M. Hébert, professeur à la Sorbonne, déclare cette même année, devant la Société géologique de France, que déjà en 1854, après avoir visité les couches des carrières de graviers d'Abbeville et d'Amiens, son opinion était que les haches étaient ensevelies dans le diluvium le plus inférieur et que leur origine était aussi ancienne que celle du Mahmmouth et du Rhinocéros.

M. Gaudry vient à son tour explorer ces gisements sur des points où ils ne l'ont jamais été et où le terrain est en place, et il déclare à l'Institut qu'il a trouvé neuf haches en place dans le diluvium avec des dents de cheval et d'un bœuf d'espèce perdue.

Dans son *Traité de Paléontologie de* 1860 et dans une autre publication, l'éminent paléontologiste, M. F.-J. Pictet, de Genève, résume avec une grande clarté le pour et le contre de la question de la contemporanéité de l'homme et de certaines espèces perdues, mais sans se prononcer nettement ; on voit cependant qu'il penche beaucoup à admettre l'opinion des savants que je viens de passer en revue. Il dit, en effet (1), « qu'on pourrait commencer la liste des mammifères des dépôts quaternaires de l'Europe par l'homme fossile.

M. H.-J. Gosse, de Genève, sur l'indication de M. Boucher de Perthes fait cette même année dans les sablières de Paris, vierges de remaniement, des recherches qui lui font trouver à cinq ou six mètres de profondeur des instruments en silex mélangés aux ossements d'un grand carnivore, de l'Elephas primigenius (mahmmouth) du Bos

---

(1) F.-J. Pictet, *Traité de Paléontologie*, 2me édition, titre IV, page 705.

primigenius, etc., etc. Ces mêmes bancs sont visités à ce moment par MM. de Quatrefages, Jacquart, Ed. Lartet, Ed. Collomb, Alph. Favre, H.-D. Rogers, Lyell, Prestwich, George Busk, Dougla-Galton et John Lubbock. Pour tous ces savants, il n'y a plus de doute sur l'état réel de l'existence de l'homme avant l'époque où ces couches diluviennes furent déposées.

La même année encore, M. Elie Petit, à Creil, montre à M. Delanoüe une hache taillée et une dent d'éléphant qu'il a trouvées dans le ballast diluvien provenant de Précy-sur-Oise.

Dans le dépôt de Givry, situé jusqu'à plus de cent mètres au-dessus des plus grandes inondations des affluents de l'Aisne, M. Buvignier a signalé trois haches de pierre avec des dents d'éléphants.

M. le marquis de Vibraye, membre de l'Institut, trouve aussi dans la caverne d'Arcy des ossements humains intimément mélangés aux ossements d'animaux d'espèce perdue, et le plus précieux débris qu'il retire de la caverne est un fragment assez considérable de mâchoire humaine.

M. Alphonse Mylne Edwards, après avoir visité en 1861 la grotte de Lourdes, décrivit, dans un excellent travail, les débris de l'industrie humaine qu'il y avait découverts, intimement mélangés à des animaux, soit ruminants, soit carnassiers, d'espèces perdues.

En 1861 aussi, M. Lartet, qui est en France le représentant de la paléontologie et dont les travaux sur les terrains tertiaires du midi de la France ont eu un si grand retentissement dans le monde savant de tous les pays, publie une faible partie de ses belles découvertes sur l'époque quaternaire. Son mémoire sur la coexistence de l'homme et des grands mammifères fossiles donne le coup de grâce « à ces hommes qui, retranchés dans leurs théories inflexibles, tournent le dos à l'évidence pour n'être pas obligés d'admettre la vérité qui les irrite... » A ce titre son mémoire mérite bien une analyse détaillée.

C'est sur le versant nord de la montagne de Fajoles, près Aurignac (Haute-Garonne), que ce savant paléontologue a eu l'occasion d'étudier la station humaine la plus curieuse et la plus intéressante qui ait jamais été observée, station dont la découverte est due à un ouvrier terrassier, J.-B. Bonnemaison.

Cet ouvrier ayant enfoncé son bras dans un talus d'éboulement en retira un os de grande dimension. Étonné de ce fait, il résolut, pour satisfaire sa curiosité, d'attaquer le talus par une tranchée, et, au bout de quelques heures de travail, il ne fut pas peu surpris de se trouver en présence d'une grande dalle de grès qui obstruait l'ouverture d'une cavité. Ayant retiré cette dalle, il aperçut de nombreux ossements et même des crânes entassés dans une petite grotte ; à première vue, il put rapporter ces débris à l'espèce humaine. Ces précieux restes, qui attirèrent d'abord beaucoup de curieux, ont été malheureusement perdus pour la science ; ils furent portés au cimetière et ensevelis dans une fosse commune. Il a été impossible de les retrouver.

Depuis longtemps il n'était plus question de la découverte de J.-B. Bonnemaison, lorsqu'en 1860 M. Lartet, passant par Aurignac, apprit dans quelles conditions les ossements humains avaient été retrouvés. Comprenant la haute importance que pouvaient avoir en paléontologie des recherches sérieuses faites sur ce point, il les entreprit.

Les fouilles lui procurèrent plus de richesses qu'il n'eut osé l'espérer. A son arrivée, le sol de cette petite grotte était dans l'état où l'ouvrier Bonnemaison l'avait laissé ; il était recouvert par une couche de terre meuble mélangée de fragments de roches. Devant l'ouverture ceintrée (sur la roche calcaire s'étendant en une plate-forme de peu d'étendue et nivelée au moyen de quelques dalles), se trouvait une couche de cendres et de charbon qui ne pénétraient pas dans l'intérieur de la grotte ; elle se montrait en affleurement et était recouverte par une couche de terre meuble ossifère, surmontée elle-même par un amoncellement de terre végétale.

Le remblai qui occupait l'intérieur de la grotte fournit les débris du grand chat et de l'hyène des cavernes, du renard et des ossements d'herbivores, tels que le renne et l'aurochs, et de nombreux débris de l'industrie humaine ; des instruments en bois de cerf ou de renne, soigneusement apointis à un bout et taillés en biseau de l'autre ; un manche en bois de renne présentant un trou destiné à recevoir une arme quelconque ; des silex taillés avec soin, présentant le type des couteaux, une dent canine de jeune ours des cavernes, grossièrement sculptée en forme de tête d'oiseau et percée dans toute sa longueur.

La couche de cendres et de charbon ainsi que le remblai de terre meuble qui la surmontait, malgré leur peu d'étendue et d'épaisseur, renfermait les débris des espèces suivantes : ours des cavernes, ours brun d'Europe, blaireau, putois, chat sauvage, hyène des cavernes, loup, renard, mahmmouth, rhinocéros à narrines cloisonnées, cheval, âne, cochon sauvage, élan, cerf à bois gigantesques, chevreuil, renne, aurochs.

Les ossements de ces animaux, trouvés par centaines, étaient tous cassés et fragmentés de la même façon, quelques-uns carbonisés. Ceux qui n'avaient pas subi l'action du feu laissaient apercevoir presque tous des stries et des entailles produites par des instruments tranchants, ou bien présentaient des empreintes dues évidemment à la dent de l'hyène. De ce même gisement ont été extraits un grand nombre d'instruments destinés à divers usages : une centaine de silex travaillés les uns en forme de couteaux, d'autres arrondis et taillés en facettes ; un morceau de roche très dure, circulaire et déprimée à son centre ;

un poinçon très effilé en bois de chevreuil ; des têtes de flèches lanceolées en bois de renne, et des lances de différentes formes fabriquées avec la même substance.

Si l'on réfléchit attentivement aux circonstances complexes que présente cette station, il nous semble qu'il est impossible de ne pas partager l'opinion de M. Lartet, qui la regarde comme un lieu de « sépulture humaine contemporain du grand ours, du grand chat et de l'hyène des cavernes, ainsi que du rhinocéros à narrines cloisonnées, du mahmmouth et de plusieurs autres espèces aujoud'hui éteintes. »

Le simple aspect des os rencontrés dans le cendrier et dans la couche de terre meuble qui le surmonte, démontre que les grands mammifères auxquels ils ont appartenu ont été entraînés là par l'homme, peu de temps après avoir été abattus ; le mode de fragmentation des os longs dénote qu'ils ont été cassés en vue d'en extraire la moelle, comme c'est encore la coutume chez certains sauvages de l'époque actuelle, et les entailles qu'ils portent prouvent bien que les parties molles ont été détachées avec des instruments tranchants ; enfin ces débris, abandonnés par l'homme, étaient encore rongés par les hyènes, ce qu'elles n'eussent point fait s'ils n'avaient été frais.

Les armes et les autres instruments si variés en silex et en bois de renne, exhumés de ce même gisement, ont été presque tous fabriqués sur place, car à côté du foyer on a trouvé les restes des blocs siliceux d'où l'on avait détaché de nombreux éclats, et des bois de renne dont on avait enlevé les parties les plus propres à être travaillées.

Il n'est pas possible d'expliquer autrement que par l'intervention de l'homme l'apport de tous ces objets dans cette station qui, à cause de son altitude et de la direction des pentes de la contrée, a toujours été à l'abri des phénomènes diluviens et de tout autre invasion aqueuse.

En se rappelant tous les faits qui viennent d'être énumérés, on peut faire, sans crainte d'aller trop loin, les suppositions suivantes avec M. Lartet :

La couche de cendres et de charbon indique l'emplacement d'un foyer établi là par l'homme, qui s'y rendait fréquemment pour y prendre ses repas et pour y accomplir certains rites funéraires. Tout semble prouver que la petite grotte, dont l'intérieur n'a présenté aucune trace de feu, n'était autre chose qu'une cavité sépulcrale, car sans cela comment expliquer la présence des dix-sept individus d'âge différent et des deux sexes que le docteur Amiel, maire d'Aurignac, a pu constater dans cette caverne, rassemblés dans un aussi petit réduit, dont l'ouverture cintrée était soigneusement fermée au moyen d'une grande dalle de grès. On peut aussi supposer que là ont été déposées, à titre de consécration funéraire, les armes soigneusement travaillées et n'ayant jamais servi, les amulettes et autres objets de même genre, et les membres entiers de grands mammifères dont les os ont été retrouvés intacts. Si les hyènes avaient eu accès à l'intérieur de cette cavité sépulcrale, n'auraient-elles pas rongés ces os comme elles ont rongés ceux qui, après chaque cérémonie, ou sacrifice, ou festin de funérailles étaient abandonnés par l'homme autour du foyer extérieur.

Tel est le résumé du fait qui doit être regardé jusqu'à cette époque, avec celui de M. Boucher de Perthes, comme l'un des plus concluant en faveur de la contemporanéité de l'homme et des espèces éteintes.

De concert avec mes deux amis, MM. Rames et Henri Filhol, nous avons nous-mêmes publié en 1862 nos recherches sur les cavernes de l'Ariége. C'est là surtout, dans les cavernes de Lherm, de Bouichéta et du Maz-d'Azil que nous avons retrouvé des mâchoires du grand ours et du grand chat des cavernes, reconnues taillées de main d'homme non-seulement par nous, mais par les nombreux savants français et anglais qui les ont examinées : et qui nous en ont demandé pour leurs collections. Le nombre de ces mâchoires que nous avons en notre possession ou que nous avons eu l'occasion de voir chez quelques collectionneurs de l'Ariége s'élève aujourd'hui à plus de cent. Armées d'une canine formidable et taillées à leur partie postérieure de manière à être plus facilement saisies dans la main, ces machoires, à l'état frais, formaient sans doute une arme redoutable dans les mains de l'homme primitif. Quelques-unes d'elles, après avoir été taillées de main d'homme, portent l'empreinte des dents d'un carnassier de grande taille. Les dents de ce carnassier ont entamé la partie primitivement taillée, ce qui indique que lorsqu'il a été rongé l'os était encore frais ; à plus forte raison devait-il l'être au moment où l'homme l'a travaillé. Ces animaux appartenant à des espèces aujourd'hui perdues, il a bien fallu, pour aprêter en guise d'armes leurs os encore frais, que l'homme vécut avec eux.

La caverne de Bruniquel (Tarn-et-Garonne), que nous avons visité avec MM. le professeur Filhol de Toulouse, le docteur Bras, Meilhés, Henri Filhol et E. Trutat, conduits par M. le curé de Bruniquel, a été pour la première fois décrite en décembre 1862 par mon ami M. E. Trutat, prosecteur distingué de l'École de médecine de Toulouse. Depuis, quelques articles de journaux ont paru sur le même sujet, mais dépourvus de faits bien observés et surtout savamment et justement interprétés ; aussi je me rejetterai sur la description de M. E. Trutat, qui montre qu'avec des animaux d'espèces perdues, tels que le renne, le rhinocéros, etc., ont été trouvés des débris d'industrie humaine.

Pour résumer cette description de M. Trutat, je dirai que dans la caverne de Bruniquel, sous une brèche osseuse des plus dures, puisqu'il faut employer le pic et la poudre pour la briser, existe l'emplacement d'un foyer contenant encore cendres et charbon. Dans la brèche

comme dans le foyer existent des ossements brisés et cal-
cinés de ruminants et d'autres animaux (1), accompagnés
du rhinocéros, dont j'ai pu recueillir moi-même un grand
fragment de côte à demi calciné. Dans les cendres et le
charbon surtout, mais aussi dans la brèche elle-même a
diverses hauteurs, se voient en abondance des silex taillés
ayant une longueur maximum de 12 à 15 centimètres, et
toutes les dimensions au-dessous. Ces silex ont la forme
de couteaux longs, de couteaux courts, de rognons à facettes multiples, de pointes de flèches triangulaires et qua-
drangulaires d'une finesse extrême et d'une netteté parfaite.
Avec ces instruments de silex, on en trouve en bois de
cerf et en os.

Les os longs de ruminants sont tous cassés de la même
manière. Le corps de l'os est très exactement fendu dans
toute sa longueur, les têtes seules sont intactes. J'ai vu
dans les musées de la Suisse, à Genève, à Lauzanne, à
Neufchatel, à Zurich, à Bâle et chez divers savants de ces
pays, des os de ruminants venant des Kjoekkenmoddings
de Danemark et des habitations lacustres de la Suisse,
exactement cassés de la même manière. On suppose en
général, et je partage cette opinion, que cette cassure était
faite pour enlever le mœlle de l'intérieur de l'os.

A ces faits si bien décrits par M. Trutat, je puis en join-
dre un autre dont on doit la connaissance à M. Lespés,
professeur à la Faculté de Dijon, et que nous avons étudié
avec M. Henri Filhol; le voici :

A un kilomètre en aval de la caverne, en suivant l'A-
veyron, sous le rocher de Bruniquel, très sensiblement au
même niveau que la caverne, on a été obligé, dans la cons-

(1) Les animaux retrouvés à Bruniquel sont : un bœuf (divers os),
une chèvre (machoires), un chevreuil (andouilliers), un chien, le
loup probablement (canine), le renne (bois et divers os), des oi-
seaux (os très nombreux), deux espèces de poissons (vertèbres),
le rhinocéros (côte et dent).

truction du chemin de fer Grand Central, de prendre une grande quantité de matériaux pour un remblai. Le déplacement de cette énorme masse de terre a donné lieu à une coupe qui a dévoilé le fait suivant : Il existe a vingt pieds environ au-dessous du niveau de ce débris de plateau diluvien, et aujourd'hui, au-dessous du niveau de la voie ferrée, une brèche exactement pareille à celle de la caverne, contenant les mêmes espèces animales, les mêmes silex, les mêmes os cassés. Dans une série de foyers qui existent sur une longueur de près de deux cents mètres, on peut voir dans des amas de cendres et de charbon des objets analogues à ceux trouvés dans le foyer de la caverne. C'est là que M. Lespés a trouvé une molaire de rhinocéros. Ossements, dents et silex se trouvent par boisseaux et toujours dans les mêmes conditions.

En 1863, au commencement du mois d'avril, M. l'abbé Bourgeois lisait à la Société géologique de France une note sur les silex taillés du diluvium de Pontlevoie. Je présentais aussi dans la même séance une série d'ossements de carnassiers d'espèces perdues, ours et grand chat des cavernes, incontestablement travaillés de main d'homme pendant qu'ils étaient à l'état frais, et provenant des cavertes de Lherm et de Bouicheta (Ariége).

Au commencement de cette même année a paru enfin un travail qui résumait à peu près toutes les idées des géologues anglais sur la question de la coexistence de l'homme et des espèces perdues, et comprenant aussi les découvertes de tous les pays. Le livre de M. Lyell contient tout ce que l'on peut désirer en fait de théories sur l'arrivée de l'homme sur la terre. C'est surtout jusqu'ici dans cette œuvre qu'il faut puiser lorsqu'on veut être complétement renseigné sur le sujet dont nous avons abordé l'étude.

Citons aussi l'ouvrage d'Huxley, dont les théories sont peut être un peu exclusives.

N'oublions pas la coupe de la falaise de Mundesley (Norfolk), de M. Prestwich, par laquelle on a montré depuis que la première apparition de l'homme, reconnue aux débris de son industrie, a eu lieu après le dépôt du Boulderclay, c'est-à-dire après le dépôt du terrain reposant immédiatement sur les roches striées.

Plusieurs autres travaux, tendant tous à prouver l'authenticité de la contemporanéité de l'homme et de certaines espèces perdues, ont été publiés récemment soit en France, soit à l'étranger ; tous contiennent des faits très intéressants et dont il est impossible de refuser la portée.

V.

Telle était la situation de la question de l'homme fossile lorsque les événements dont les journaux ont été remplis ces derniers mois sont survenus à Abbeville. Je vais en quelques mots retracer l'histoire de la dernière decouverte de M. Boucher de Perthes et des phases par lesquelles elle est passée jusqu'à ce que la lumière ait été faite sur tous les points restés douteux.

« A la fin de Mars dernier, le terrassier Halatre, travaillant à la carrière de Moulin-Quignon, vint apporter à M. Boucher de Perthes, avec un silex taillé, un petit fragment d'os qu'il y avait également recueilli. » Après avoir débarassé cet os de la terre et du sable qui l'enveloppaient, M. de Perthes se rendit sur les lieux et s'assura qu'aucune fissure, aucune filtration n'existaient au-dessus de la couche de gravier reposant immédiatement sur la craie et dans laquelle avaient eté trouvés les deux objets. Supposant que l'on trouverait bientôt quelque autre fragment osseux, M. de Perthes dit aux ouvriers de venir le chercher dès qu'ils apercevraient un fragment d'os en place.

Le 28 Mars le terrassier Vasseur vint annoncer à M. de Perthes que « quelque chose ressemblant à un os paraissait dans le banc. » Le savant archéologue Abbevillois se transporta immédiatement au banc fossilifère et, en présence de MM. Dimpre père et fils, de quelques membres de la Société d'Émulation d'Abbeville et de plusieurs autres personnes, il put détacher du banc diluvien un fragment d'os qu'il eut la satisfaction de reconnaître pour une demi machoire inférieure humaine. A quelques centimètres du point où la mâchoire venait d'être détachée, M. Oswald Dimpre put lui-même recueillir, en s'aidant d'une pioche, une hâche en silex, recouverte de la même patine que la mâchoire, qui était noire comme la couche d'où les objets avaient été retirés, située à 4 mètres 52 centimètres de la superficie.

Dès que la nouvelle de cette découverte fut connue, de tous côtés accoururent à Abbeville les personnes que la mâchoire pouvait intéresser. Ainsi, M. l'abbé Bourgeois, professeur de philosophie et d'histoire naturelle au collége de Pont-le-Voye, le docteur Carpenter, vice-président de la Société royale d'Angleterre, le docteur Falconer, membre de la Société royale d'Angleterre et de la Société géologique de Londres, M. de Quatrefages, membre de l'Institut et professeur d'anthropologie au Museum d'histoire naturelle, et moi-même. Nous fûmes tous convaincus, et M. Falconer entre autres, en voyant les pièces trouvées et le gisement, que la mâchoire était tout aussi fossile que la hâche. Le docteur Falconer et M. de Quatrefages purent trouver eux-mêmes, et ce dernier la pioche à la main, trois hâches en place dans la même couche que la mâchoire. La première de ces hâches reposait sur la craie par une de ses faces.

Le lundi 20 Avril qui suivit notre visite à M. Boucher de Perthes, M. de Quatrefages, annonçant à l'Institut la grande nouvelle, montra la fameuse mâchoire que M. Boucher de Perthes lui avait confié, insista sur son examen anthropologique et déclara qu'elle appartenait à un individu de très petite taille, quoique vieux. C'est maintenant le cas de dire que les ossements humains retrouvés jusqu'ici dans d'autres localités et dans des conditions analogues à celles de Moulin-Quignon, ont été déclarés appartenir à des individus d'une race plus petite que la nôtre ; telles sont, par exemple, les machoires découvertes dans la grotte d'Aurignac par M. Lartet, dans la grotte d'Arcy par M. de Vibraye, et dans la caverne de Lombrives par MM. Rames, Garrigou et H. Filhol.

Le jour même de cette communication à l'Institut, arrivait à Paris dans l'*Athenœum*, journal anglais, une lettre du docteur Falconer, déclarant que la machoire de Moulin-Quignon n'était pas fossile, qu'elle avait été, ainsi que les hâches fabriquées récemment, mise après coup dans la couche diluvienne, et qu'on avait été victime d'une très fâcheuse supercherie. C'était l'examen d'une dent, contenant encore de la gélatine et dont l'authenticité comme gisement a été heureusement déclarée douteuse, qui avait forcé le savant paléontologue à modifier sa première opinion. A sa place, à coup sûr, tout savant honnête et consciencieux en aurait fait autant.

Une lettre émise par un homme aussi compétent devait naturellement ébranler bien des opinions et laisser dans le doute la plupart des gens qui avaient cru. M. de Quatrefages, néanmoins convaincu par le long examen qu'il avait fait de la mâchoire, que la première opinion émise par lui était exacte, eut la force et le courage de la soutenir, même officiellement, dans la séance suivante de l'Académie des sciences, devant ceux qui jouissaient déjà de la défaite que semblait devoir éprouver la découverte qui n'était pas leur œuvre.

Entre la séance de l'Institut du 27 avril, dans laquelle M. de Quatrefages combat l'opinion du docteur Falconer, et celle du 4 mai, plusieurs savants du plus haut mérite, MM. Desnoyer, Delesse, Pictet de Genève, de Vibray, Lyman, ce dernier arrivant d'étudier les silex du Danemark, prêtèrent leur concours à M. de Quatrefages pour l'examen des pièces probantes, hâches et mâchoire. Tous ces savants, après avoir examiné ces objets et après s'être assuré que la gangue des hâches surtout y était adhérante naturellement, se prononçaient en faveur de la très haute antiquité de ces objets. M. Pictet surtout déclara qu'il ne s'était pas attendu à « trouver des caractères aussi probants. »

Le 4 mai, M. de Quatrefages s'appuyant de l'autorité des savants que je viens de citer et de la récusation complète faite par M. Boucher de Perthes au sujet de la dent étudiée à Londres par le docteur Falconer, formulait une plaidoirie fort judicieuse contre l'accusation portée par le savant anglais.

Pour dissiper tous les doutes sur une question intéressant à un si haut degré, non-seulement la science, mais encore la masse énorme de gens qui avaient suivi les débats, soit à Paris, soit surtout à Londres, M. Lartet et M. de Quatrefages écrivirent le 5 mai aux docteurs Falconer et Carpenter, pour les engager à venir à Paris avec quelques autres savants anglais, afin d'étudier à fond le sujet dans une réunion scientifique. L'invitation acceptée par nos généreux collègues d'Outre-Manche, il fut convenu que quatre savants Anglais et quatre savants Français composeraient la commission que présiderait un savant au choix des Anglais. En conséquence, MM. Falconer, Carpenter, Busk et Prestwich, d'un côté, MM. Lartet, Desnoyer, de Quatrefages et Delesse, de l'autre, se réunirent sous la présidence de M. Milne Edwards, aidés, soit à Paris, soit à Abbeville, par les naturalistes dont les noms suivent : MM. Daubrée, l'abbé Bourgeois, Hébert, A. Gaudry, Alphonse Milne Edwards, Delanoüe, F. Garrigou.

Les deux premières assemblées, dont l'une dura à peu près six heures, furent employées à étudier les caractères qui distinguent les hâches de silex vraiment anciennes de celles que l'on suppose être des imitations frauduleuses modernes, et il en est résulté que bien des hâches supposées fausses sont, au contraire, parfaitement authentiques.

La dent examinée par M. Falconer à Londres ne fut, au consentement général, l'objet d'aucun examen particulier, vu les doutes émis par M. Boucher de Perthes sur l'authenticité du gisement.

On étudia alors les caractères de la mâchoire elle-même. M. Boucher de Perthes en ayant fait un abandon complet pour cet examen, il y fut procédé avec toute la rigueur voulue. Nous allons ici laisser parler M. Falconer (1).

« La couche noire (mangano-ferrugineuse) qui enveloppait la machoire fut regardée comme étant ferrugineuse d'un côté, pendant que de l'autre il paraissait qu'elle avait pu être mise artificiellement. La mâchoire fut soigneusement sciée par M. Busk et la section fut conduite de manière à y comprendre l'une des racines de la seule dent qui y existait. L'enveloppe noire fut lavée en entier au moyen d'une éponge, et les résidus, restés dans les endroits creux, furent nettoyés au moyen d'une brosse à dents. La couleur générale de la surface lavée était celle d'un cuir clair parsemé de tâches noires. La surface la plus externe était assez unie, présentant de petites marques d'une érosion superficielle comme celles que l'on voit d'ordinaire sur les os enterrés. Il n'y avait pas d'apparence de lambeaux de dendrites, soit à l'intérieur, soit à l'extérieur, ni aucune infiltration de substances métalliques. La substance de l'os était fraîche et friable, surtout vers le bord alvéolaire, mais partout dans la partie inférieure il était passablement ferme, et la section fraîche donnait une odeur franche d'os scié. Quant à sa structure intérieure l'os avait une faible teinte brune, et les cellules ne contenaient aucune incrustation. L'aspect

____

(1) H. Falconer, lettre du *Times*, le 21 mai 1863, dans laquelle l'auteur rétracte son opinion imprimée dans la première lettre.

le plus remarquable dans la coupe était le revétément intérieur du canal dentaire par une couche épaisse d'un sable
fin non mélangé à la substance métallique noire qui bou-
chait le canal au-dessous du condyle. La coupe de la canine montra que la substance dentaire, quelque ancienne
qu'elle fût, était blanche et en aucune manière différente
de celle d'une dent récente. L'émail était blanc et brillant.
L'alvéole vers la partie supérieure n'était pas complétement
remplie par la canine, et l'intervalle était occupé en partie
par une matrice noire et des portions de sable. Les remar-
ques précédentes sont extraites des notes de M. Busk. La
commission était trop pressé pour attendre le résultat d'une
analyse chimique. »

Après cet examen il resta des doutes de part et d'autre.
« Mais, heureusement pour l'intérêt de la vérité, le presi-
dent, M. Milne Edwards, proposa à la commission à la
fin de la seconde séance de visiter Abbeville, pour examiner en place l'évidence du gisement dans lequel on as-
surait que les hàches et la mâchoire avaient été trouvées.
Du moment où la commission arriva à Abbeville, l'aspect
du fait changea complétement. Une troupe de seize ouvriers
fut employée de sept heures du matin à cinq heures du
soir avec des pioches, sous l'inspection de quelques uns des
membres de la réunion, à abattre la partie non remaniée
de la tranchée, et pendant la journée cinq hàches de pierre
furent découvertes en place dans des circonstances qui
rendent impossible le doute sur l'authenticité de leur position naturelle dans la coupe du terrain... Ce qui frappa le
plus les membres anglais, ce fut que, de ces cinq hàches,
une seule présentait les caractères qu'ils donnaient comme
une preuve de distinction des spécimens d'une vraie antiquité ; les autres quatre étaient identiques dans leur apparence générale avec celles que, dans les réunions précédentes de la commission, ils avaient figuré comme non
authentiques. Si les premières étaient regardées comme

authentiques, cette décision entraînait aussi l'authenticité des dernières, qui avait été rejetée. On considéra ensuite l'évidence de la découverte de la mâchoire dans la couche noire, et cette évidence parut appuyée par de tels témoignages qu'elle fut unanimement acceptée par la commission.

» .... A la dernière réunion qui eut lieu le 13 du mois présent, les conclusions suivantes furent adoptées :

» M. le président, après avoir résumé la discussion, met aux voix les conclusions suivantes :

» 1° La machoire en question n'a pas été introduite frauduleusement dans la carrière de Moulin-Quignon, elle existait préalablement dans l'endroit où M. Boucher de Perthes l'a trouvée le 28 mars dernier. Cette conclusion est adoptée à l'unanimité ;

» 2° Tout tend à faire penser que le dépôt de cette mâchoire a été contemporain de celui des cailloux et autres matériaux qui constituent l'amas argilo-graveleux désigné sous le nom de couche noire, laquelle repose immédiatement sur la craie. — Cette conclusion a été adoptée par tous les membres présents, à l'exception de MM. Falconer et Busk, qui réservent leur opinion jusqu'à plus ample informé ;

» 3° Les silex taillés en forme de hâches qui ont été présentés à la réunion comme ayant été trouvés vers la même époque dans la partie inférieure de la carrière du Moulin-Quignon sont pour la plupart, sinon tous, bien authentiques. — Cette conclusion a été adoptée par toutes les personnes, sauf M. Falconer, qui réserve son opinion jusqu'à plus ample informé ;

4° Il n'y a aucune raison suffisante pour révoquer en doute la contemporanéité du dépôt des silex taillés avec celui de la mâchoire trouvée dans la couche noire. — Cette proposition est adoptée par tous les membres de la réunion, sauf par MM. Falconer et Busk, qui désirent réserver leur opinion.

» Avant la signature du procès-verbal, dit M. Falconer, je remis au président, pour être joint au rapport, le mémorandum suivant, renfermant mon opinion sur toute l'affaire :

» Mon opinion est que la découverte de la mâchoire humaine à Moulin-Quignon est authentique, mais que les caractères qu'elle présente, pris en considération avec les conditions dans lesquelles elle se trouve, ne sont pas concordantes avec la haute antiquité attribuée à la mâchoire.

» H. Falconer. »

» Abbeville, 13 mai.

M. Busk remet aussi un mémorandum différemment rédigé, mais exactement dans le même but pour ce qui regarde la question d'antiquité.

Depuis lors plusieurs articles de journaux, énumérant plus ou moins exactement et appréciant d'une manière plus ou moins rigoureuse les faits mis au jour par la découverte faite à Abbeville, ont paru en abondance. Quelques-uns même, après avoir injustement critiqué les savants les plus compétents dans la question, ont dit avec un enthousiasme peu opportun . « En attendant, ce qui subsiste, c'est la victoire remportée par les savants français sur les savants anglais. » Une telle phrase n'émoussera en rien l'estime et l'amitié que les savants Français et Anglais ont pu acquérir les uns pour les autres dans les réunions de Paris et d'Abbeville ; de part et d'autre on est trop intelligent pour mal interpréter des articles de journaux dont on n'est pas responsable. Si les savants anglais ont dû retirer, après un examen complet des faits, une opinion que leur avait dicté la prudence, ils n'ont que plus de mérite de revenir sur ce qu'ils avaient formellement avancé d'abord. Ils nous ont donné, en agissant comme ils l'ont fait, la preuve que, pour eux, en matière scientifique, tout intérêt personnel est mis de côté et qu'atteindre la vérité est le seul but qu'ils se proposent. Puisse un pareil exemple servir à quelques-uns de nos savants français et leur prouver que la science ne gagne rien à être personnifiée.

A ceux qui se sont fait injustement un titre de gloire de ce qu'ils ont appelé la défaite de nos collègues d'Outre-Manche, je répondrai en disant que leur retour à la vérité vaut la science qu'ont déployé nos maîtres français. Quand, dans une discussion scientifique, on a déployé de part et d'autre une égale loyauté, un égal savoir, il n'y a de défaite pour personne, la vérité seule a triomphé.

L'authenticité de la mâchoire était reconnue, le triomphe de la question s'apprêtait déjà.

Quelques jours avant la séance de l'Institut du 13 mai, M. Milne Edwards fit au comité impérial des sociétés savantes une communication pour annoncer que la lumière s'était faite sur la provenance de la mâchoire si contestée jusqu'alors.

Le lundi 18 mai l'Académie des sciences entend deux nouvelles communications au sujet de la réunion scientifique anglo-française, la première de M. Milne Edwards, dans laquelle l'honorable président donne un résumé des faits discutés aux conférences de Paris et d'Abbeville, et où il fait connaître les conclusions signées par tous les membres, conclusions que nous avons avons déjà indiquées dans la lettre de M. Falconer.

M. de Quatrefages vient à son tour remercier officiellement les membres anglais de la réunion du désintéressement, de la courtoisie et de la bonne foi qu'ils ont montré pendant tout le temps des débats. Puisse les paroles du savant professeur d'anthropologie avoir retenti aux oreilles de ceux qui ont été si sévères, je dirai même si peu justes pour nos confrères anglais. Comme je l'ai dit ailleurs, il n'y a eu ici qu'un seul triomhpe à constater, celui de la vérité.

M. Elie de Beaumont déclare enfin que, pour lui, le terrain de Moulin-Quignon n'est pas du diluvium proprement dit.

Dans son opinion ce terrain détritique, d'apparence clysmienne, doit être rapporté à ce qu'il a appelé : *Dépôts meubles sur les pentes.* La spécification de ce terrain n'est pas une invention née de la discussion actuelle ; l'illustre géologue a décrit ainsi ce terrain sur la carte géologique de France. Plusieurs années avant, M. du Soueich, ingénieur en chef des mines, l'avait aussi donné comme tel dans la carte géologique du département du Pas-de-Calais.

« La carte géologique détaillée, a écrit M. Élie de Beaumont (1), n'indique dans la vallée de la Somme, près d'Abbeville que trois terrains : la craie blanche supérieure, les alluvions tourbeuses et les dépôts meubles sur les pentes.

» La carte géologique de France à l'échelle de 1/500,000 en indique seulement deux, la craie blanche c^2 et les alluvions a^2, parce que les dépôts meubles sur les pentes n'y avaient pas eté distingués des alluvions et avaient été même souvent négligés.

» Les dépôts meubles sur les pentes sont comtemporains des alluvions tourbeuses, et de même que la tourbe ils peuvent contenir des produits de l'industrie humaine et des ossements humains. Mais ces mêmes dépôts (sorte de post-diluvium) étant formés de débris détachés et entraînés par les agents atmosphériques (orages, gelées, neiges, etc.,) peuvent contenir, en même temps que ces débris, tout ce que contiennent les petits dépôts diluviens répandus

(1) Comptes-rendus de l'Académie des sciences, séance du 18 mai 1863.

partout à la surface et dans les anfractuosités des roches
en place, notamment des dents et des ossements d'éléphants et d'hippopotames.

» L'homme et les éléphants dont les ossements seraient
contenus dans un pareil dépôt n'auraient pas été nécessai-
rement contemporains, et l'état de conservation différent
de leur matière gélatineuse servirait, suivant moi, pour
avertir qu'ils remontent à des époques très différentes.
Quant aux hâches en silex véritablement antiques, il serait
naturel, ce me semble, de les rapporter à l'âge de la pierre
des habitations lacustres Suisses. Or, les habitations lacustres étant coordonnées au niveau actuel des lacs, on peut
dire qu'elles sont post-diluviennes, car dans les lacs de
Suisse, dans ceux mêmes, s'il en existe, dont le lit n'a pas
été façonné par le phénomène erratique ou diluvien, le
niveau actuel des eaux ne date que du dernier effet de ces
puissants phénomènes qui ont laissé le seuil de chaque lac
tel que nous le voyons aujourd'hui.

» Je ne crois pas que l'espèce humaine ait été contem-
poraine de l'Eléphas primigénius ; je continue à partager
à cet égard l'opinion de M. Cuvier, l'opinion de Cuvier est
une création de génie, elle n'est pas détruite. »

M. Elie de Beaumont a dit, de plus, dans la séance de
l'Académie des sciences du 25 mai, que peut-être les dépôts de Moulin-Quignon recouvraient une voie romaine,
et que l'on pourrait trouver dans ces dépôts comme
dans la tourbe, le même âge étant assigné par lui aux
deux formations, des objets appartenant à l'époque romaine.

Contrairement à l'opinion de M. Elie de Beaumont,
M. Hébert fait aussi dans cette même séance une communication sur l'étude géologique des dépôts diluviens de la
vallée de la Somme à Abbeville. Il admet que le dépôt de
Moulin-Quignon est bien un dépôt diluvien en place, d'une
date bien antérieure aux dépôts de tourbe qui sont dans la

vallée, mais plus récents que le dépôt de Manchecourt et que celui de Saint-Acheul à Amiens. Il divise le terrain diluvien de la vallée de la Somme en sept étages superposés.

M. de Quatrefages donne à son tour les caractères anthropologiques de la mâchoire étudiée par M. Pruner Bey, l'un des hommes qui ont le plus vu dans le monde, à ce sujet, et dont, par suite, l'opinion doit être prise en grande considération. M. Pruner Bey regarde la mâchoire de Moulin-Quignon comme appartenant à un individu d'une râce tout à fait primitive et dont il retrouverait un type dans les Lapons, dans les Grisons et dans les Basques, peuples les plus anciennement connus en Europe au point de vue historique. Cette opinion fait voir combien il eut été difficile à des ouvriers, s'ils avaient voulu tromper les savants, de trouver une mâchoire présentant des caractères aussi précis que ceux indiqués par le savant docteur et aussi bien en rapport avec les circonstances.

Dans la séance de l'institut du 2 juin, M. Hébert fait présenter un mémoire en réponse aux théories de M. Elie de Beaumont sur les dépôts de Moulin-Quignon. Le professeur de la Sorbonne ne peut accepter le gisement de Moulin-Quignon comme formé par les dépôts meubles des pentes, et il déclare que pour lui, c'est bien un dépôt diluvien. Il rejette aussi l'opinion émise par l'illustre secrétaire perpétuel au sujet de la coexistance de l'homme et des espèces perdues, et reproche à ce dernier de vouloir formellement s'opposer à l'adoption des faits reconnus par la plupart des savants.

M. de Quatrefages présente ce même jour à l'Académie des sciences, un mémoire dans lequel je m'attache à prouver que les dépôts de Moulin-Quignon sont en place et forment les bancs les plus inférieurs du diluvium. J'annonce de plus, dans ce mémoire, que Saint-Acheul et Moulin-Quignon se ressemblent complètement dans leurs dépôts, et je démontre dans un tableau comparatif que les couches inférieures étant exactement les mêmes dans les deux endroits, les couches supérieures de Moulin-Quignon sont la représentation rudimentaire, mais exate, quant à la superposition de celles de Saint-Acheul.

L'authenticité des hâches et de la mâchoire de Moulin-Quignon étant admise par tous les partis, même par les sommités géologiques opposantes, il s'agit de prouver que la carrière de pierre dans laquelle cette mâchoire a été trouvée est bien du diluvium, quelque opposition que M. Élie de Beaumont ait voulu faire à cette assertion.

Ici ma tâche devient difficile pour plaire aux lecteurs peu géologues qui m'accordent leur attention. Cependant on ne peut guère entamer une discussion scientifique sans rester scientifique, aussi j'espère que si les quelques pages qui vont suivre paraissent arides à certains, ils me pardonneront, car la question vaut bien la peine qu'on étudie surtout les points restés douteux et dont l'éclaircissement résoudra en entier le problème.

Mon premier devoir avant de donner mon opinion au sujet de la coupe géologique de Moulin-Quignon est de revoir l'opinion du vénérable et illustre secrétaire perpétuel, et d'examiner si tout ce qu'oppose M. Elie de Beaumont à l'âge diluvien des dépôts du Moulin-Quignon et à la contemporanéité de l'homme et des espèces perdues peut être accepté sans objection aucune. Quoique la parole du maître soit souvent infaillible ; il me paraît cependant utile de répondre aux objections de M. Elie de Beaumont qui est jusqu'ici le seul opposant sérieux à la solution affirmative de la question de l'homme fossile, solution que bien des savants ont accepté quand ils ont eu vu et pesé toutes les découvertes modernes.

1° Le terrain de Moulin-Quignon dit le savant géologue, est un terrain détritique qu'il range dans ce qu'il a appelé les dépôts meubles des pentes. Je ferai remarquer que, pour qu'un terrain détritique se forme sur les pentes, il faut que ce terrain vienne d'une partie supérieure. A Moulin-Quignon la chose est impossible, car les couches que M. Élie de Beaumont me permettra d'appeler diluviennes forment les points culminants des coteaux ; au-dessus d'elles, plus rien. Le Moulin-Quignon, qui a donné son nom aux bancs exploités et qui est lui-même sur la crête, domine toute la vallée de la Somme et permet de promener ses regards à perte de vue de chaque côté. De plus, si ces bancs étaient des dépôts meubles des pentes, seraient-ils aussi nettement stratifiés sur toute leur épaisseur, soit dans les couches de cailloux, soit dans les couches de sable ? se retrouveraient-ils dans une multitude de points de la vallée de la Somme, exactement dans les mêmes conditions (1) ? Nous verrons plus loin s'il ne faut pas cependant reconnaître que des espèces de dépôts détritiques récents, postérieurs peut-être à la tourbe, ne sont pas venus au contraire imprimer un cachet d'authenticité aux bancs stratifiés.

La carte géologique de France, comme le dit M. Élie de Beaumont, n'indique dans la vallée de la Somme près d'Abbeville que trois terrains : la craie blanche supérieure, les alluvions tourbeuses et les dépôts meubles sur les pentes. Avant cela, l'illustre géologue n'en avait désigné que deux : la craie blanche et les alluvions, « parce que les dépôts meubles sur les pentes n'y avaient pu être dis-

(1) M. John Lubbock, membre de la Société royale de Londres, a publié en juillet 1862, dans *The natural history review,* un excellent mémoire dans lequel il indique ces dépôts sur plusieurs points du parcours de la Somme aux mêmes niveaux, ayant le même ordre dans la superposition des couches, et pour lui comme pour tous les géologues anglais qui les ont étudié avec le plus grand soin, ces dépôts sont les restes les plus anciens du diluvium de la Somme. Les dépôts de Manchecourt sont plus récents que ceux du sommet des coteaux.

tingués des alluvions et avaient été même souvent négligés. » De l'aveu même de l'auteur de la carte géologique, la solution du problème des terrains de dépôt de la vallée de la Somme n'était pas une chose facile à donner en une ou deux études, puisque lui-même signale un progrès en séparant à la deuxième fois les terrains meubles des alluvions. La question étant en voie d'avancer, il était naturel que d'autres géologues aient voulu prendre à cœur de la mener à bonne fin, et la discussion de leurs travaux consciencieusement faits est nécessaire pour la découverte de la vérité. A ce titre MM. Prestwich, Lyell, Evans, Lubbock, Buteux, etc., etc., ont le droit de défendre les opinions qu'ils ont si savamment soutenues, et il est permis de s'appuyer sur les travaux de ces remarquables géologues pour formuler une opinion sur les bancs diluviens d'Abbeville. C'est ce que nous ferons plus loin.

Les dépôts meubles sur les pentes et les alluvions tourbeuses ne sont pas du même âge, car leur faune est bien différente. Dans les tourbes jamais d'éléphant, jamais de rhinocéros, toujours des animaux caractéristiques de l'époque actuelle. Si l'on trouvait les animaux diluviens, éléphants, rhinocéros, etc., associés dans les couches de tourbe à ceux mêmes qui vivent actuellement, on n'en pourrait pas conclure que ceux du diluvium ne sont pas fossiles, on pourrait simplement penser que les espèces se sont propagées un certain temps pendant l'époque actuelle. Mais inutile de faire une pareille supposition, car le mélange n'existe pas.

2° Quant aux produits de l'industrie humaine trouvés dans la tourbe et quant à ceux des dépôts diluviens, la différence frappe la vue dès qu'on met les objets à côté les uns des autres. Les silex de la tourbe sont non-seulement taillés en hâches, mais polis sur toute leur surface, avec une forme bien spéciale, et souvent unis à d'autres objets qui indiquent une industrie humaine déjà hors de l'état primitif. Les silex des couches stratifiées des coteaux et des plateaux sont simplement grossièrement taillés, jamais polis, ce qui les distingue essentiellement des premiers, jamais associés à des objets travaillés de main d'homme indiquant une civilisation pareille à celle des populations de l'âge de la tourbe. Avec les hâches polies des tourbières des animaux de l'époque actuelle, avec les hâches simplement taillées, des animaux d'espèces éteintes.

Je serais loin, pour ma part, de rapporter les hâches de Moulin-Quignon, de Manchecourt, de Saint-Acheul, etc., à l'âge des habitations lacustres de la Suisse. Dans toutes les collections de la Suisse, à Genève, à Morges, à Lauzanne, à Neufchatel, à Zurich, à Bâle, etc., que je suis allé étudier, j'ai trouvé aux instruments de silex une surface toujours polie ; quant aux hâches, quelque soit l'âge, de la pierre ou du bronze, auquel elles aient appartenu, leurs formes étaient toutes différentes de celles des hâches taillées de la vallée de la Somme. Je dirai même plus, c'est qu'il y a entre les hâches de l'âge de la pierre et les hâches de l'âge du bronze (car les hâches de la première époque sont passées dans la seconde) une différence bien plus faible que celle qui existe entre les hâches de silex de l'âge de la pierre, soit en Suisse, soit en Danemark, et les silex taillés d'Abbeville et d'Amiens. Ces objets sont l'antipode l'un de l'autre, il est donc littéralement impossible, pour quiconque a pu en comparer un grand nombre, de rattacher le type d'Abbeville à celui des habitations lacustres de l'âge de la pierre.

Ce que, pour ma part, je serais disposé a rapporter à l'âge de la pierre suisse, ce sont les hâches trouvées à la base de la tourbe. Cet âge de la pierre peut avoir eu son existence en France, comme en Suisse, comme en Danemark et comme dans tous les pays où on l'a rencontré jusqu'ici. Je dis plus, les trois époques de la pierre, du bronze et du fer ont existé en France, et je serai dans quelque temps à même de donner les observations que j'ai déjà pu recueillir à ce sujet.

3° Cuvier est bien loin de ne pas avoir cru à l'existence de l'homme avant le déluge, à sa coexistence avec les grands mammifères éteints, comme le prétend l'illustre secrétaire perpétuel. On n'a qu'à le lire attentivement pour s'assurer du fait. Malgré les citations qui ont déjà été faites de son discours sur les révolutions du globe, je tiens à rappeler encore quelques passages bien importants.

Ainsi nous avons vu le grand paléontologue admettre qu'un cataclysme, le dernier qui bouleversa la surface du globe, a pu engloutir les hommes qui vivaient à l'époque des grands mammifères. Il décrit ces nombreux animaux ainsi que leurs contemporains.

« Ce sont là, dit-il (1), les principaux animaux dont on ait pu recueillir les restes dans ces amas de terres, de sables, de limons, dans ce *diluvium* qui recouvre partout nos grandes plaines, qui remplit nos cavernes et qui obstrue les fentes de plusieurs de nos rochers.

» Ce qui étonne, c'est que parmi tous ces mammifères... il n'y ait pas un seul quadrumane.

» Il n'y a non plus aucun homme ; tous les os de notre espèce que l'on a recueillis avec ceux dont nous venons de parler s'y trouvent accidentellement. »

Aux faits bien restreints invoqués par Cuvier pour soutenir cette dernière idée, celui de la caverne de Paviland, cité par Buckland, et ceux des brèches osseuses de Nice et de la Guadeloupe, que l'on doit accepter comme vrais, nous pouvons en opposer d'une bien plus grande valeur, tant à cause de leur nombre qu'à cause de la manière dont ils ont été observés. Buckland observait avec une idée préconçue, celle que les cavernes étaient, en général, des lieux de sépultures humaines, aussi, que les faits fussent

____

(1) Cuvier. *Loco citato.* page 171.

concordants ou non avec sa théorie, il les arrangeait de manière à ne pas la faire mentir. Aujourd'hui ce n'est plus comme cela que l'on agit : on cherche des faits et, d'après les faits trouvés, on arrive à des inductions. Les observations recueillies par les savants que nous avons déjà nommés plus haut, et dans des points que Cuvier admet lui-même comme comblés par le diluvium viennent en masse détruire les théories trop restreintes de nos pré-décesseurs.

Et que dirait aujourd'hui le père de la paléontologie s'il connaissait le Callitrix de M. Lund et le Macaque de Londres ? S'étonnerait-il de la découverte de l'homme lui-même ? Non, certainement. Avec son caractère large et généreux, le premier il aurait encouragé et récompensé de son approbation les études du fils de son ami, la persévérance et le savoir de M. Boucher de Perthes.

Il faut donc regarder comme bien naturel que Cuvier ne se soit pas prononcé d'une manière aussi formelle qu'on peut le faire aujourd'hui, dans la question qui nous occupe ; les découvertes étaient trop peu abondantes pour le lui permettre. Mais son génie, qui ne lui fit jamais défaut, lui permit de prévoir tout ce qui est aujourd'hui réalisé.

Après ce grand maître, on a pris la question de l'homme fossile au point où il prit pour sa part celle de la faune du bassin Parisien. Il fit renaître les animaux des terrains tertiaires, et ses successeurs rappelèrent au jour le bimane d'Abbeville ; et les faits que récusait Cuvier sur ce sujet sont ceux que nous admettons encore aujourd'hui comme devant être repoussés. Nous pouvons donc terminer en disant avec lui au sujet de ces ossements humains de Nice, de la Guadeloupe, etc. (1).

« Aucun de ces restes n'appartient ni au grand dépôt de

(1) Cuvier *Loco citato*, page 172.

la dernière catastrophe, ni à ceux des àges précédents. »

Après ces quelques explications, je le demande, est-il juste d'invoquer Cuvier comme rejetant la contemporanéité de l'homme et des espèces perdues?

C'est précisémeut parce que l'œuvre de l'immortel paléontologue est une œuvre de génie et qu'il faut s'en inspirer, que j'ai cru nécessaire d'entrer dans les développements que je viens de donner.

Quant à la réponse à l'opinion manifestée par M. Elie de Beaumont dans ces mots : que, pour lui, il ne croyait pas à la contemporanéité de l'homme et de l'Eléphas primigenius ; elle est, je crois, actuellement bien facile. L'illustre secrétaire perpétuel s'appuie sur l'opinion de Cuvier pour avancer la sienne ; mais j'ai fait voir que Cuvier est porté à admettre, je dirai même admet la contemporanéité de l'homme et des espèces perdues. Ce n'est donc pas contre les savants actuels que M. Elie de Beaumont se prononce, c'est contre Cuvier lui-même, sur lequel il cherche à s'appuyer.

Deux faits doivent être élucidés. Une voie Romaine existe-t-elle sous les bancs de Moulin-Quignon et ces bancs sont-ils des dépôts meubles des pentes de formation récente?

Les bancs de Moulin-Quignon sont stratifiés et en dehors de tout phénomène donnant lieu aux dépôts meubles des pentes, phénomène qui de toute impossibilité n'a pu se manifester sur le point le plus élevé de la contrée. Comme je l'ai déjà dit, au-dessus du plateau de Moulin-Quignon il n'existe pas une seule colline dont les détritus aient pu former des dépôts meubles. Il faut donc invoquer une inondation de la Somme pour expliquer ces bancs stratifiés, car la Somme est le cours d'eau le plus voisin. Mais pour atteindre le sommet des coteaux de Moulin-Quignon, cette rivière aurait dû commencer par couvrir, en sortant de son lit, une étendue de pays de près d'une lieue et demie, et voir son niveau monter à plus de cent dix pieds au-dessus du fond de la vallée. Et que de temps aurait dû séjourner ce cours d'eau gigantesque pour déposer des bancs de graviers souvent de cinq mètres d'épaisseur. Un phénomène diluvien de cette force n'aurait-il pas laissé un souvenir dans l'histoire ?

Je reviendrai plus loin sur ce qu'il faut penser de l'idée qu'une voie romaine peut exister sous les bancs stratifiés en question.

Quel est donc l'âge de la carrière de Moulin-Quignon et, par suite, des fossiles qu'elle contient? C'est là que réside tout l'intérêt de la question de la mâchoire trouvée par M. Boucher de Perthes.

La plupart des géologues français et anglais qui jusqu'ici sont allés étudier Moulin-Quignon, sont d'accord pour dire que c'est l'un des bancs diluviens les plus anciens trouvés dans la vallée de la Somme. M. Butteux, en 1859, donne une note à la Société géologique de France dans laquelle il fait remonter les dépôts des coteaux à un phénomène diluvien quaternaire des plus reculés. MM. Prestwich, Lubbock et Lyell, les premiers en 1860 et 1862 (1), et le second en 1863 (2), donnent des coupes de ces localités qui font voir les dépôts de Moulin-Quignon comme les plus anciens de la vallée.

Pour ma part je partage complétement l'opinion de ces savants et je dis de plus que les dépôts de Moulin-Quignon à Abbeville et de Saint-Acheul à Amiens sont exactement les mêmes, seulement le second étant dans son plein développement, et le premier rudimentaire dans sa partie supérieure.

Lorsque, après avoir étudié les dépôts d'Abbeville, j'allais voir ceux d'Amiens, je fus frappé au premier coup d'œil de la ressemblance presque parfaite de la base du dépôt

---

(1) Prestwich. *Loco citato*. Lubbock, *loco citato*.
(2) *The Geological evidency of antiquity*, etc.

de Saint-Acheul avec celui de Moulin-Quignon. Les couches supérieures de Moulin-Quignon me semblaient seules différentes et leur peu de développement m'a fait même penser jusqu'à ces derniers temps que peut être les deux dépôts étaient les mêmes dans leur base, mais que les couches supérieures avaient disparu à Moulin-Quignon. Aujourd'hui, après avoir bien pesé tout ce qui se passe dans les deux localités et bien étudié les coupes que j'ai pu voir, je crois pouvoir assurer qu'au développement près des couches supérieures, l'un des gisements est exactement le même que l'autre.

Si en effet je compare les coupes données par M. Preswich Lyell, Lubbock, Butteux et celles que j'ai pu faire moi-même, j'arrive à formuler le tableau comparatif suivant :

MOULIN QUIGNON.

1° Terre végétale se confondant avec

2° Détritus et lœss pénétrant dans les crevasses, formés par une terre ocreuse foncée, contenant des fragments anguleux de silex.

3° Couche d'argile sableuse devenant parfois noirâtre, très peu épaisse (30 à 40 centimètres).

4° Couches alternantes de sable gris et de sable argileux ; leur épaisseur est de quelques millimètres, avec petits débris de silex et petits débris de craie.

5° Cailloux de silex légèrement anguleux colorés en rouge par un limon ocreux, avec des blocs de grés dont l'un a atteint deux pieds de long (*hâches*).

6° Quelques cailloux roulés sont mêlés aux cailloux brisés précédents vers leur base. Ossements (*hâches*).

7° Couches de sable argileux assez régulièrement répandue. Epaisseur de quelques centimètres.

8° Couches de graviers incomplétement roulés, avec ossements d'Eléphas primigenius, contenant la fameuse couche noire et ayant recélé la mâchoire, et des hâches dont quelques-unes reposaient immédiatement sur la

9° Craie.

SAINT-ACHEUL.

1° Terre végétale se confondant avec

2° Terre argileuse foncée, contenant des petits fragments anguleux de silex

3° Argile exploitée pour terre à brique très épaisse, devenant noire vers la base.

4° Sable siliceux blanc avec de la marne claire, contenant des débris de craie, des petits débris de silex. Un bloc de grès. Débris de mammifères (*hâches*).

5° Cailloux anguleux à la base d'une couche de sable blanc avec débris de craie. Blocs de grès sans doute tertiaires, avec des débris de coquille de l'Eocène inférieur.

6° Petits blocs incomplétement roulés.

7° Lambeaux de couches de sable avec des coquilles fluviatiles actuelles, des débris d'éléphants et des hâches dispersés dans le

8° Gravier inférieur avec haches et ossements reposant sur la

9° Craie.

Il reste donc bien démontré pour moi que le même phénomène qui produisit les dépôts sur les coteaux de Saint-Acheul à Amiens déposa aussi le bancs diluviens des collines de Moulin-Quignon à Abbeville.

D'après la disposition des choses, je crois pouvoir admettre aussi deux grandes divisions dans les dépôts qui couvrirent les coteaux de la vallée de la Somme au commencement de l'époque quaternaire : 1° une arrivée brusque des eaux qui ont amené à la base des couches de Saint-Acheul et de Moulin-Quignon des cailloux incomplétement roulés ; 2° une période plus tranquille pendant laquelle se seraient déposés les dépôts à élément fins formant exclusivement la partie supérieure des couches.

C'est dans les dépôts caillouteux qu'ont été trouvés les fragments de mammifères d'espèces perdues, éléphants et autres, les hâches, et enfin la mâchoire humaine aujourd'hui reconnue authentique.

Quant au diluvium de Manchecourt, il est inférieur à celui de Moulin-Quignon, de date plus récente, par suite, et modifié par la présence de la mer qui remontait à une époque reculée, jusque dans la vallée de la Somme, à Abbeville. La différence de niveau de Moulin-Quignon et de Manchecourt, le premier situé à 100 pieds au-dessus de la vallée actuelle de la Somme, le second à 51 seulement, indique bien que l'un a pu être atteint par la mer, qui y a déposé des coquilles marines, tandis que l'autre ne contenant du reste, aucun débris d'animaux marins, a pu échapper aux vagues modificatrices.

Plus bas dans la vallée, se sont formés des dépôts plus nouveaux, comme les ont indiqués MM. Lyell, Prestwich, Lubbock, etc. contenant aussi des silex taillés et des ossements de mammifères. Enfin, se déposent actuellement les tourbes reposant elles-mêmes dans le lit le plus récent dans lequel coulait la Somme avant d'être restreinte aux dimensions qu'on lui connait aujourd'hui.

C'est de la série de ces érosions dans la craie et dans les dépôts tertiaires et de ces dépôts d'époque quaternaire, que résulte la forme que nous connaissons aujourd'hui à la vallée de la Somme, bornée vers le sud-ouest par les coteaux qui commencent à Mautort, et au nord-est, par ceux qui naissent à Manchecourt.

Un mot encore, de ces puisards que M. Hébert prétend avoir été formés par la mer, qu'il fait remonter jusqu'à des endroits où l'on ne trouve que des traces de courant d'eau.

Tout d'abord, la mer qui a laissé ses coquilles à Manchecourt, où elle a longtemps séjourné, les aurait laissé à Moulin-Quignon, si elle va couvrir les coteaux. De plus, l'aspect des dépôts formant la partie supérieure de Moulin-Quignon (1° et 2° du tableau donné plus haut) n'est pas celui des dépôts formés par l'eau. C'est là ce que M. Elie de Beaumont appellerait sans doute les dépôts meubles des pentes, formés par l'action des agents extérieurs (orages, glace, pluie, neige, air) sur les couches de dépôt les plus supérieures. Ces détritus composés de terre végétale argileuse et ocreuse, peut être du lœss avec des fragments de silex anguleux, remplit les fentes, non cylindriques comme on l'a dit, mais légèrement coniques, qu'on a appelé des puisards.

L'on s'est assuré, lors de la réunion scientifique à Abbeville, que ces puisards correspondaient, du moins pour l'un d'eux, à des crevasses dans la craie. L'explication de ce puisard et celle de tous les autres qui sont alignés suivent une direction à peu près S.-O ; N.-E. devient alors bien facile a comprendre par la disparition insensible des parties de couches manquant de base, et par le comblement des vides au moyen des détritus supérieurs par les orages, les pluies, etc. La mer ou le courant d'eau qui aurait pu creuser des puisards si puissants à une distance si petite les uns des autres aurait, au lieu de faire ces creusements, opéré un enlèvement général des couches.

Empressons-nous de le dire en terminant, pas une hache taillée n'a été trouvée dans ces puisards. Si c'est là que M. Elie de Beaumont a voulu dire qu'il serait facile de recueillir des monnaies romaines, on peut partager entièrement son avis, car il est aisé pour tous, géologues ou non géologues, de voir que ces puisards sont bien de formation récente et qu'ils sont complètement distincts des couches statifiées (1). Aussi je m'appuie, avec raison j'espère, sur leur présence en ce point, pour croire plus fermement encore à l'ancienneté et à l'authenticité des couches de Moulin-Quignon et des débris de l'homme qu'elles contiennent.

Après l'exposé historique de la question, après le récit des faits survenus ces temps derniers, à l'occasion des découvertes d'Abbeville, et la discussion des diverses théories émises à ce sujet une fois connue, peut-on tirer une conclusion autre que celle de la croyance à la haute antiquité de l'homme sur la terre et à sa contemporanéité avec les espèces perdues.

Cette contemporanéité admise, qu'il me soit permis de dire au lecteur peu au courant des faits scientifiques, que des decouvertes d'un ordre tout particulier ont été faites en Danemark, en Suisse, en Ecosse, en Italie, sur les bords du Nil, du Mississipi etc. Ces découvertes auxquelles se rattachent les noms de savants bien remarquables : Stenstrup Nilson, Thomsen, F. Keller, Troyon, Morlot, Rutimeyer, Desor, Gastaldi, etc., ont fait connaître par une série de faits parfaitement observés, qu'après les hommes primitifs de l'époque quaternaire, en avaient existé d'autres. Ces nouveaux habitants de notre planète, fils sans doute des quelques hommes qui purent échapper aux flots du dernier cataclysme, habitèrent la surface du globe dans

---

(1) Ces sortes de puisards se retrouvent dans le diluvium de la Seine et dans les mêmes conditions qu'à Abbeville.

une tranquilité qui laissa se développer pendant un temps indéterminé une civilisation moins primitive que celle de l'époque antédiluvienne. Les os d'animaux et les silex étaient les seules matières utilisées pour la fabrication des objets de première nécessité. Les hommes habitaient alors des villages élevés sur les lacs au moyen de pilotis, ils se trouvaient ainsi à l'abri des bêtes féroces, qui étaient leurs principaux ennemis. Presque tous furent pêcheurs ou chasseurs ; il semble cependant qu'une portion des populations se livrait à l'agriculture, car on a retrouvé des masses de blé dans les décombres des villages brûlés et conservés en partie au fond des lacs.

Cette époque qu'on a appelé l'*âge de la pierre*, à cause des usages nombreux pour lesquels on employa les silex, fit place à un nouvel ordre de chose amené plutôt par les progrès de la civilisation que par la violence de la guerre. Pendant cette nouvelle période, les armes et les objets de bronze remplacèrent peu à peu les ornements et les instruments de guerre en silex. Cette période, nommée l'âge du bronze, après avoir subi un long développement, fut à son tour remplacée par celle de l'âge du fer. Ce métal semble avoir été peu à peu substitué au bronze, ce qui indique à coup sûr un grand progrès dans l'art métallurgique, car le traitement des minerais de fer offre de biens plus grandes difficultés que celui des minerais de cuivre, de zinc et d'étain.

Après l'âge du fer, l'époque gallo-romaine paraît avoir commencé et avec elle nous rentrons dans l'histoire positive de la civilisation.

Mais les dernières découvertes ne sont pas encore faites sur ce sujet si nouveau et si intéressant. On parviendra à coup sûr à découvrir que ces trois âges, indiquant trois grands pas dans la civilisation des peuples, ont existé sur tous les points du globe où l'homme a pu habiter. Il sera probablement démontré aussi, dans un temps qui n'est pas peut-être bien éloigné, que le passage d'un âge à l'autre n'a pas eu lieu en même temps dans toutes ces régions habitées (1).

De même que l'époque pliocène s'est continuée dans quelques points de notre globe, comme bien des choses peuvent le laisser supposer, d'après ce qu'a le premier fait voir M. Lartet, pendant que l'époque quaternaine avait déjà commencé dans un grand nombre d'autres, de même l'âge de la pierre a persisté dans certaines contrées, tandis que l'âge du bronze naissait dans des régions voisines ou éloignées des premières. Et déjà en effet, le célèbre archéologue naturaliste Suédois, M. Nilson, annonce que ses découvertes les plus récentes lui font penser que l'âge de bronze a peut être été importé en Suède par des peuples venus d'Orient, pour établir des relations commerciales avec les nations de l'Occident.

Attendons encore, cherchons surtout avec persistance et courage, et nous pourrons lire dans un avenir prochain sans doute, le passé qui relie notre époque à celle de ces peuples primitifs, séparés eux-mêmes par un grand cataclysme des hommes qu'à juste titre, ont peut appeler « *diluvii testes,* » « *témoins du déluge.* »

Tel est le résumé très-court, incomplet encore, je le reconnais, de la question de l'homme fossile. Si mon travail paraît pécher sur quelques points, je m'en excuserai en

---

(1) M. le professeur Morlot, de Lauzanne (Suisse), a découvert aux environs du lac de Neufchatel, un mamelon formé par le déversement des produits de transport d'une rivière appelée la Thinière. et que le chemin de fer coupe aujourd'hui sur une hauteur de 30 pieds. Il a trouvé dans les couches statifiées et en place, à la base de ce mamelon de dépôt, des objets de l'âge de la pierre, au-dessus dans une autre couche, des objets de l'âge du bronze, plus au-dessus encore, les produits de deux époques différentes de l'âge du fer, et enfin au sommet, des débris datant de l'époque gallo-romaine. Des faits pareils sont à la fois irrécusables et bien instructifs.

disant que dans l'espace de quelques jours, faire une bro-
chure plus fournie de faits, eut été difficile. Je n'ai pas
voulu perdre du temps, car la question de l'homme fossile
se fait déjà vieille dans le public, et il m'a paru utile de
suivre le proverbe disant : qu'il faut battre le fer tant qu'il
est chaud. Mon but aura-t-il été atteint ? je ne le sais ? Si
toutefois je suis parvenu à montrer à mes indulgents lecteurs qu'il existe des faits observés par des savants de la
plus haute valeur, prouvant l'existence de l'homme avant
le déluge, chose entrevue par Cuvier lui-même, je consi-
dérerai ma tâche comme remplie.

Un seul désir me restera encore, celui de voir la question complètement discutée par de plus compétents que
moi.

FIN.

Paris Typ. G. KUGELMANN, 13, rue GrangeBatelière.